AF603137

LE SUPPLICE

DES

FIACRES

FOLIE-VAUDEVILLE EN UN ACTE

PAR

M. ROGER DE BEAUVOIR FILS

Prix : Un Franc.

PARIS

MICHEL LÉVY FRÈRES, LIBRAIRES-ÉDITEURS

RUE VIVIENNE, 2 BIS

ET A LA LIBRAIRIE NOUVELLE, 15, BOULEVARD DES ITALIENS

MDCCCLXVI

LE SUPPLICE

DES

FIACRES

FOLIE-VAUDEVILLE EN UN ACTE

PAR

M. ROGER DE BEAUVOIR FILS

REPRÉSENTÉE

Pour la première fois, à Paris, sur le théâtre Saint-Germain,
le 7 septembre 1865.

PARIS

MICHEL LÉVY FRÈRES, LIBRAIRES-ÉDITEURS
RUE VIVIENNE, 2 BIS
ET A LA LIBRAIRIE NOUVELLE, 15, BOULEVARD DES ITALIENS

—

1866

—

PERSONNAGES

BEAUFUMÉ, cocher	MM.	Bo[illegible]e.
PHILIDOR, coiffeur		H[illegible]mann.
FLAGEOLET, ex-conducteur de cabriolet		Pl[illegible]ys.
BRELU, ex-conducteur de coucou		Godard.
LARIFLA, traiteur		Tallin.
POPOL, commis de magasin		Dufrêne.
LE PETIT JOURNAL	Mmes	Julia Nitsch.
ATHÉNAIS, femme de Beaufumé		Éva Perly.
Mme BRELU		Hermann.
Mme FLAGEOLET		Delobel.
GEORGETTE, blanchisseuse		Rosa.
CHONCHON		Clara.

Cochers, Marmitons.

La scène se passe à Saint-Ouen, au Lapin Vengeur.

Paris. — Typ. Morris et Cie, rue Amelot, 64.

LE

SUPPLICE DES FIACRES

Les Jardins du *Lapin Vengeur*, à Saint-Ouen. — Auberge et cuisines à droite. Bosquets à gauche. Au fond, surmontant la porte d'entrée, l'enseigne du *Lapin Vengeur*.

SCÈNE PREMIÈRE

POPOL, *puis* LARIFLA.

POPOL, *entrant à petits pas par la gauche.*

Me voici bien au *Lapin Vengeur*... un relais de poste changé en auberge! (*Regardant de tous côtés.*) Eh! Eh! je suis en avance, tant mieux!... Ah! mam'zelle Chonchon, vous quittez ainsi vos amoureux pour aller courir la pretentaine avec des cochers en goguette... nous allons bien voir.

LARIFLA, *sortant précipitamment des cuisines, une pancarte à la main.*

Dîner de trente-six couverts!... Allons, bon! une noce sur les bras et pas de cuisinier! (*Au public.*) Oui, le mien m'a donné campo pour aller se vendre à mon vil confrère Lémèché, un Ramponneau de dixième ordre! Ah! jour de Dieu! qui m'eût dit que j'en serais réduit là, moi, l'ancien coq des maîtres de poste!

POPOL, *à part.*

Tiens, c'est le père Larifla.

LARIFLA.

AIR de *Marianne*.

Tous les jours, ma cour était pleine
D'un tas d' postillons turbulents;

J'avais les r'lais pendant la s'maine,
L' dimanch', les rendez-vous galants.
Comme on jurait,
Comme on trinquait !
Ah! le bon temps, le bon temps que c'était !
Destin amer!
Le chemin d' fer
Les balaya ; ce ne fut qu'un éclair!
En vain, au progrès je riposte,
Chaqu' jour, j' suis forcé de chômer!
On eût mieux fait d' me supprimer,
En supprimant la poste (*bis*).

POPOL, *à part.*

Il se consulte!

LARIFLA.

Un cuisinier, de grâce, un cuisinier! où en prendre un? Ombre de Vatel, inspire-moi!

POPOL, *se montrant.*

Quelle idée! (*A Larifla.*) Père Larifla, je suis votre homme.

LARIFLA, *avec effusion.*

Sur ma veste, jeune homme, sur ma veste, car vous m'en évitez une fameuse! Je ne vous demande pas où vous avez pratiqué?

POPOL, *avec aplomb.*

A *la Tortue Gastronome* d'Asnières, rien que cela!

LARIFLA.

Peste!

POPOL.

AIR : *Je sais attacher des rubans.*

Par malheur, hier, j'ai quitté
Cette rive si délectable !
Vous savez qu'Asnières, l'été,
N'est plus un endroit supportable.
De la chaleur voyez les fruits :

Pour nous, quelle déconfiture!
Les poissons de l'eau sortaient frits,
Quand on d'mandait de la friture! (*bis.*)

LARIFLA.

Courez maintenant revêtir les insignes de vos nouvelles fonctions.

POPOL.

Je la verrai, ô mon amour, je la verrai! (*Il sort par la droite.*)

LARIFLA, *seul.*

Ce garçon-là me plaît, il me semble me voir à vingt ans! Mais récapitulons; que vais-je leur donner? (*Se frappant le front.*) Hélas! les denrées se révoltent, les côtelettes demandent une augmentation de vingt-cinq centimes, les oreilles farcies s'allongent et les pieds de veau se remuent!... Bonté du ciel! c'est le cataclysme de la cuisine! et voilà l'instant que mon gredin de chef a choisi pour m'abandonner! Ingrat Cyprien! parce que je lui ai refusé la main d'Athénaïs, ma nièce!

SCÈNE II

LARIFLA, POPOL, *suivi de trois marmitons portant une énorme manne d'osier.*

POPOL.

Par ici, vous autres, par ici!

LARIFLA.

Quels sont ces officiers de bouche?

POPOL, *lui remettant une lettre.*

Cette lettre vous l'apprendra.

LARIFLA.

C'est bien. (*Il lit la lettre.*) Ciel! qu'ai-je lu? un envoi de mon ex-chef, lui que j'accusais... Tout un dîner, tout un menu de sa façon qu'il m'expédie dans cette manne! Cette manne tombe du ciel. Allons, mes amis, ne perdons pas un instant.

CHŒUR.

Air : *Ah! le bel oiseau*, etc.

Chaud! chaud! courons aux fourneaux,
À l'ouvrage
Faisons rage!
Chaud! chaud! courons aux fourneaux
Voir ces chefs-d'œuvre nouveaux.

LARIFLÀ.

Je renais, je suis sauvé,
Cette lettre me console;
Ce dîner qu'il a trouvé,
Il le doit à mon école!

REPRISE.

Chaud! chaud! etc.

(*Ils sortent par la droite.*)

SCÈNE III

PHILIDOR, MADAME BRELU, MADAME FLAGEOLET, *en toilettes excentriques. — Philidor leur donne le bras.)*

MADAME BRELU.

Mais où donc nous menez-vous, monsieur Philidor?

MADAME FLAGEOLET.

Quels sont ces bosquets?

PHILIDOR.

Ceux du *Lapin Vengeur*, où vos maris vont venir pincer le rigodon avec leurs petites connaissances, eh! eh!

MADAME BRELU.

Que m'apprenez-vous là ? Les monstres, enlever des femmes à notre insu, et fricoter comme de vils saltimbanques les économies conjugales. Pouah!

MADAME FLAGEOLET.

Nous laisser en plan, nous, les légitimes!... scélérat de Flageolet!

PHILIDOR.

Dam! écoutez donc, c'est aujourd'hui la noce du fameux Beaufumé!

MADAME BRELU *et* MADAME FLAGEOLET, *ensemble.*

Beaufumé!...

PHILIDOR.

Oui, l'ex-beau, l'Apollon des fiacres, le coq des cochers, qui a fait tant de victimes!

MADAME BRELU.

A qui le dites-vous!...

PHILIDOR.

Beaufumé, cet heureux mortel, qui se range des voitures, et ne veut plus conduire désormais que le char de l'hyménée.

MADAME BRELU.

Se peut-il? l'infâme! quand je comptais sur lui pour mes secondes noces!

MADAME FLAGEOLET.

Le séducteur! il n'a pas même songé à me rendre mes lettres; et il épouse?...

PHILIDOR.

Mademoiselle Athénaïs, une ex-confiseuse qu'il m'a soufflée

MADAME FLAGEOLET.

Une rivale!

MADAME BRELU.

Fi! une femme sans préjugés!

PHILIDOR.

Est-ce qu'il en faut des préjugés pour épouser un cocher?

MADAME BRELU.

Le fait est que je ne reviens pas d'avoir donné ma main à ce chenapan de Brelu, un ex-conducteur de coucous à la mécanique... mais je jure de me venger... de l'immoler...

PHILIDOR.

Et moi donc! moi, Narcisse Philidor, l'Achille du coup de peigne, l'Alcibiade du raseir, le Nestor de la coiffure! (*A part.*) Athénaïs a ma lettre, et si elle consent, je l'enlève.

MADAME BRELU.

Mais comment assister à cette noce?

MADAME FLAGEOLET.

Oui, comment?

PHILIDOR.

Je m'en charge!

LARIFLA, *accourant.*

Serait-ce déjà ma société?

PHILIDOR, *à part.*

Séduisons cet aubergiste; il a l'air profondément ahuri... voilà mon affaire! (*Haut, se rengorgeant.*) Or çà, tavernier du diable...

LARIFLA.

Quel est ce nouveau Buridan?...

PHILIDOR.

Pouvez-vous nous inscrire parmi vos convives?

LARIFLA.

Y songez-vous? Il faut être cocher et numéroté encore!...

PHILIDOR.

Bigre! mais entre gens d'esprit, il y a toujours moyen de s'arranger. (*Il lui glisse une pièce de monnaie dans la main.*)

LARIFLA, *à lui-même.*

Cent sous! quelle aubaine! (*Haut.*) C'est affaire faite. Et tenez, je veux être bon diable, j'ai justement là-haut les nippes de ma femme, toute mon ançienne garde-robe de postillon; c'est fané, tres-fané, c'est vrai, mais ça peut encore servir dans l'occasion.

PHILIDOR.

Que nous offrez-vous là? Nous sommes sauvés!

LARIFLA.

Dépêchez alors, car j'entends ma noce.

AIR de *Wallace.*

TOUS, *excepté Larifla, qui les précède.*

Punissons leur esclandre,
Vengeons notre dépit,
Et courons les surprendre
Tous en flagrant délit (*ter*).

SCÈNE IV

BEAUFUMÉ, *porté en triomphe;* BRELU, FLAGEOLET, *en garçon d'honneur;* ATHENAIS, *en mariée;* CHONCHON, GEORGETTE, *aux bras de Brelu et de Flageolet. Tous les hommes ont le menton à demi rasé; Beaufumé n'a plus qu'un favori.**

TOUS, *la main à leur joue.*

AIR :

LES HOMMES.

Oh! oh! oh! ah! ah! ah! ah!
Quel début j'ai là!
Pour une noce,
C'est atroce!

* A droite, Brelu et Chonchon; au milieu, Beaufumé et Athénais; à gauche, Flageolet et Georgette.

Ah! ah! ah! ah! ah! ah! ah!
A ce guêpier-là,
Jamais on ne nous reprendra!

LES FEMMES.

Oh! oh! oh! ah! ah! ah! ah!
Quel début voilà!
Pour une noce,
C'est atroce.
Ah! ah! ah! ah! ah! ah! ah!
A ce guêpier-là
Jamais on ne les reprendra!

BEAUFUMÉ.

Quoi donc! les coiffeurs sont en grève?
Chez l'un d'eux j'étais de planton...
Crac! il repart sans qu'il achève
La toilette de mon menton!

REPRISE.

Oh! oh! oh! etc.

BEAUFUMÉ.

C'est une horreur! une indignité! je suis horriblement furieux! Ouf!

BRELU, *riant.*

C'est égal, crois-moi, tu es bien mieux de profil.

FLAGEOLET.

Est-ce que tu vas faire des manières un jour de noce?

BRELU.

Un jour de révolte!

FLAGEOLET.

Un jour où tous nos droits vont être enfin reconnus.

BEAUFUMÉ.

Vous en parlez à votre aise... C'est égal, me trouver à pied, ça me crispe! Et le petit Gris, et Cocote que je ne vais plus revoir! Je ne me sens plus dans mon assiette.

BRELU.

Irais-tu, par hasard, regretter les beaux jours d'autrefois?

BEAUFUMÉ, *avec effort.*

Eh bien! oui, mes amis, oui, j'ai des regrets... Ah dame! je ne suis peut-être pas un cocher comme les autres!

AIR : *La petite Margot* (Doche).

Si je t'abdique,
Sceptre magique,
Mon pauvre fouet, que je brise à jamais,
C' n'est pas sans larmes,
J' trouvais des charmes
Dans cet état de cocher que j'aimais.
Chaque matin, rose à la boutonnière,
Brossé, lustré, frisé, ganté, verni,
Des boulevards j'arpentais la frontière.
Et m'arrêtais au perron Tortoni!
On me demande,
C'est une bande
De gais soupeurs quittant la Maison d'Or,
L'aube les chasse;
Je les ramasse,
Et vers midi je les roulais encor.
Puis il me tombe une noce, un baptême,
Deux ferrailleurs que je mène à Bondy;
Puis deux recors à la figure blême,
Avec leur homme arrivant à Clichy.
Mais on m'assiége,
Et sur mon siége,
Pris par la pluie, un poëte abusé
Trouve commode
De m' lire une ode,
Ce qui ne m'a pas du tout amusé!...
Sous ce carrick, Bilboquet et Macaire
Ont fait voler le rire en tout Paris,
Sous ce carrick aux femmes je sais plaire,
Aider l'amant, et berner les maris.
Tailles mutines,
Vertes bottines,
Pieds enchanteurs que la pluie a souillés,

Dans ma voiture,
Retraite sûre,
Séchez gratis vos plumages mouillés!
L'autre dimanche, ému de la guinguette,
Je remisais mon fiacre vers minuit;
Soudain, je vois, perdu sur ma banquette,
Certain objet dont le fermoir reluit.
Un portefeuille !...
D'abord, j'accueille
Comme un bienfait ce trésor du hasard.
A moi largesse!
A moi richesse!
Je ne suis plus cocher, je mène un char!
Je me berçais dans ce riant mensonge,
Je me voyais en loge à l'Opéra;
J'étais au ciel, quand tout à coup je songe
A ceux qu'un tel accident ruinera.
Cet or peut-être
Fait le bien-être
D'une famille attendant tristement,
Morne, inquiète,
Qu'un homme honnête
Vienne au plus tôt lui rendre cet argent.
Garder cet or, non, ce serait infâme!
Non, loin de moi!... Ce rêve est insensé!
Qui sait combien veilla la pauvre femme
Pour cet argent à grand' peine amassé?
J'ai ma lanterne;
Sa lueur terne
Me laisse voir l'adresse d'un banquier.
Vite, je file
Et me faufile
Dans son hôtel, sans parler au portier.
— Vous me sauvez, dit-il sans plus attendre,
Ce portefeuille est celui d'un client!
Il me quitta pour aller le lui rendre,
En me laissant un pourboire flambant!
Dans ce pourboire
Est mon histoire :
Ma petit' femme en reçut le dépôt,
Ce fut le gage
De not' mariage,

De notre amour, ce fut... le second mot !
Je n'ai jamais versé... que dans mon verre,
Je vous souhaite un sort comme le mien,
Vous le voyez, je roule en ma carrière
Exempt d'accrocs, trouvant que tout est bien !
Mais je t'abdique,
Sceptre magique,
Mon pauvre fouet, je te brise à jamais,
C'n'est pas sans larmes,
J' trouvais des charmes
Dans cet état de cocher que j'aimais !

REPRISE DU CHŒUR.

Heureusement que l'amour me consolera ! (*Athénaïs, dérangeant légèrement son bouquet, en laisse tomber un billet sans s'en apercevoir.*)

BEAUFUMÉ, *le ramassant.*

Ah !

ATHÉNAÏS, *se retournant.*

Hein ? Qu'as-tu donc, mon ami ?

BEAUFUMÉ.

Rien ! c'est la chaleur, la poussière... Cette marche triomphale m'a donné le hoquet !

ATHÉNAÏS.

Tout comme à moi... Je boirais bien quelque chose.

BEAUFUMÉ *passe dans le fond et lit le billet à la dérobée.*

(*A part.*)

Qu'ai-je lu ?

FLAGEOLET.

Je casserais bien une croûte... Qu'en dites-vous, charmante Georgette ?

GEORGETTE.

Chonchon et moi, nous étranglons de soif.

BRELU.

Si nous tâtions du dîner, papa Flageolet?

BEAUFUMÉ.

Oui, mes bons amis, tout à l'heure... Mais allez un instant donner un coup d'œil aux fourneaux, pendant que je vais dire deux mots à madame Beaufumé. (*Ils sortent par la droite.*)

BRELU, *à part, les regardant.*

Est-ce que le temps serait à l'orage? — Déjà!...

SCÈNE V

BEAUFUMÉ, ATHÉNAÏS, PHILIDOR, *caché derrière l'œil-de-bœuf des cuisines.*

PHILIDOR, *passant sa tête par l'œil-de-bœuf.*

Un œil-de-bœuf! quelle trouvaille! D'ici du moins j'aurai l'œil. Ah! que vois-je? Une des victimes de mon rasoir!

ATHÉNAÏS, *à Beaufumé.*

Me direz-vous, monsieur, ce qui vous a changé en girouette depuis une heure?

BEAUFUMÉ, *avec une gravité comique.*

Oui, madame, oui, et c'est une explication que je viens vous demander.

ATHÉNAÏS.

Ah! le mauvais moment que vous choisissez là! je suis à jeun.

BEAUFUMÉ, *se croisant les bras.*

Vous me trompez, Athénaïs!

ATHÉNAÏS, *riant.*

Mais regardez-vous donc!

PHILIDOR, *à part, même jeu.*

Un Othello en carrick !

BEAUFUMÉ.

Épouse coupable, nierez-vous avoir reçu ce billet?

PHILIDOR.

Diable ! mon billet !

BEAUFUMÉ, *de plus en plus exaspéré.*

Cette déclaration d'un certain Philidor, qui brûle de vous tenir dans ses fers, lui, un coiffeur ! Si c'était le traître qui m'a défiguré ce matin, j'aurais du plaisir à l'étrangler !

PHILIDOR.

Merci.

BEAUFUMÉ.

Enfin, madame, répondez !

ATHÉNAÏS.

Que voulez-vous que je réponde à cette brusque sortie ? Ce billet que vous m'opposez, j'en ignore le contenu.

BEAUFUMÉ.

Mais vous en connaissez l'auteur.

ATHÉNAÏS.

Peut-être... Où est le mal après tout? Puis-je empêcher qu'on m'écrive, et deviner tous les amoureux que mon cœur incendie ? Je ne vous aime plus ! La femme d'un cocher !... Quelle existence je vais avoir là ? On me l'avait prédit. Tout ce beau feu sera vite apaisé, et je suis trop bonne de m'en chagriner !

AIR des *Anguilles.*

Des amours le fiacre est l'image ;
Amoureux, comme on va bon train !
Renversant tout sur son passage,
Souvent on accroche en chemin.

Mais arrive le mariage...
Dès qu'ils ont un' femm' sur les bras,
Tout change vite en leur ménage :
Ces messieurs ne marchent qu'au pas. (*Bis*.)

(*Elle s'assied à gauche.*)

BEAUFUMÉ, *se mettant à ses genoux et lui prenant les mains.*

Voyons!... voyons! les maris ont toujours tort, c'est l'usage, mais pardonne-moi, ma petite femme. Ah! cette explication m'a mis en nage! (*Il va pour s'essuyer le front avec un coin du mouchoir de sa femme.*) Hein! qu'est-ce que je vois là? Un portrait photographié sur ce mouchoir... juste ciel!

ATHÉNAÏS, *vivement.*

C'est à la mode!

BEAUFUMÉ, *allant à grands pas.*

A la mode un homme à moustaches!... Allons, bon! voilà que ça me reprend!

ATHÉNAÏS.

Ce portrait est celui de mon cousin Chiffard.

BEAUFUMÉ.

Chiffard?

PHILIDOR.

Chiffard?

BEAUFUMÉ, *se retournant.*

Tiens, il y a de l'écho ici!

ATHÉNAÏS.

Son dernier cadeau, et depuis je ne l'ai pas revu. Peut-être conduit-il son fiacre à Chandernagor ou à Carpentras. Ah! s'il savait que je me marie!...

BEAUFUMÉ.

Chiffard! dis-tu? Mais nous en attendons un à notre banquet. Oui, l'illustre Chiffard, ex-conducteur de cabs à la ficelle, l'auteur de la propagande sur les pourboires, enfin celui qui vient d'attacher le grelot à la grève des cochers! le grand homme!...

ATHÉNAÏS, *à part.*

Serait-ce lui ?

PHILIDOR, *disparaissant de l'œil-de-bœuf.*

Oh! quel trait de lumière! (*On entend du bruit; — l'orchestre exécute la ritournelle du chœur de la scène suivante.*)

BEAUFUMÉ.

Je renais à la joie, Athénaïs, voici nos convives, soyez l'arc-en-ciel après l'orage, et reconcilions-nous devant le civet.

SCÈNE VI

LES MÊMES, FLAGEOLET *et* GEORGETTE, BRELU *et* CHONCHON, POPOL, *puis* LARIFLA. MARMITONS. (*On dresse les tables sur le devant de la scène.*

BRELU, *à Chonchon, qui lance une œillade à Popol qui les suit.*

Chonchon, je vous défends de parler à ce jeune patronnet.

CHONCHON.

Mais il n'est pas mal, et puis il ressemble d'une façon frappante à...

BRELU.

Qui donc ?

CHONCHON.

Rien... un commis de mon magasin, monsieur Popol, un gentil garçon, ma foi !

BRELU.

Suffit ! observez les convenances !

POPOL.

Elle m'a vu, ô amour, je lui ai donné dans l'œil.

LARIFLA, *accourant avec les plats.*

Servez chaud ! Boum ! enlevez le potage !

BEAUFUMÉ.

A table !

AIR : *L'or est une chimère.*

Allons, mes amis, à table !
Quel endroit plus enchanteur ?
Quelle enseigne plus aimable
Que cell' du *Lapin-Vengeur* ?

FLAGEOLET.

Le *Lapin Vengeur !* fameux !

BRELU.

Connu ! c'est du temps des coucous ! (*Prenant la taille de Chonchon.*)

(*Suite de l'air.*)

Vivent nos bergères !
Vivent l'amour et les glouglous !

FLAGEOLET, *même jeu que Brelu.*

Car nos ménagères !
Sont au logis, sous les verroux !

REPRISE EN CHŒUR.

Allons, mes amis, à table !

(*Tous se placent et attaquent les premiers plats.*)

BEAUFUMÉ, *se levant, son verre à la main.*

Compagnons, en l'absence du fameux Chiffard, je demande à porter quelques santés, avant de vous lire les nouveaux statuts de notre association.

FLAGEOLET.

Accordé !

BRELU, *se levant.*

A la santé des époux Beaufumé !

BEAUFUMÉ.

A la santé d'Athénaïs, ma femme ! (*Ils trinquent.*)

GEORGETTE.

A la santé des blanchisseuses ! Vive la grève des battoirs !

BEAUFUMÉ, *majestueusement.*

A l'union des cochers !

TOUS.

Au cercle des cochers ! (*Un instant de silence.*)

FLAGEOLET.

Chut ! il va parler.

BEAUFUMÉ.

Hum ! hum ! Ce jour est le plus beau jour de ma vie !

BRELU, *à part.*

Il est fortement ému !

BEAUFUMÉ, *une pancarte à la main, montant sur la table.*

Rois du flic-flac, princes du carrik, mes frères, voici le nouveau code de notre comité de révoltés : Primo : (*Il cherche sur sa pancarte.*) Allons, bon ! où ai-je fourré le primo ! Ah ! le voilà !... Primo : « Nous serons désormais nourris, blanchis, » logés, chauffés, fournis de gants, de faux-cols et de tabac » par la Compagnie. (*On applaudit.*) — Secundo, les pourboires seront en consommations, payables par la pratique à » chaque station qu'elle fera. »

TOUS.

Adopté !

BEAUFUMÉ.

Tertio : « Tout cocher conduisant son loueur, son propriétaire ou son portier, aura le droit de se faire traîner au » bois une heure ou deux par ledit loueur, propriétaire et » portier, » (*On applaudit. — Une pause.*) Item : « Tout » cocher chargeant un bourgeois, devra, dorénavant, lui

» demander son passe-port et un certificat de vaccin! »

TOUS, *l'applaudissant.*

Bravo! adopté le tertio!

BEAUFUMÉ.

Enfin, quarto : « Nous aurons le droit d'ériger un théâtre » de cochers, où les drames seront menés à grandes guides, » les vaudevilles joués à la course, et les féeries à l'heure. » (*Une pause.*) Qu'en dites-vous, messieurs? Car je ne vous parle pas du droit d'accrocher, de verser, d'écraser, etc.

AIR : *Restez, restez, troupe jolie.*

Nous aurons une Académie,
Un sport, un club, un Opéra,
Des journaux, une imprimerie,
Enfin tout ce qu'il vous plaira! (*Bis.*)

BRELU.

Moi, d'abord, je promets d'écrire
Sur les coucous et les landaus.

ATHÉNAÏS.

Dans tout ça, pourriez-vous me dire } (*Bis.*)
Ce qu'auront messieurs les chevaux?

BEAUFUMÉ.

Ils liront le journal des cochers!

FLAGEOLET.

Bravo! bravo! Nous approuvons tout. Vive Beaufumé! Couronnons-le! (*On lui place une couronne de pain sur la tête: ils échangent des poignées de main avec lui.*)

ATHÉNAÏS.

Il a parlé comme un ange!

BRELU.

Allons! je le vois, nous allons avoir des grèves de toutes les couleurs...

FLAGEOLET.

Nous les avons. Il n'y a qu'un instant, j'ai lu dans un journal que les serpents boas de l'Hippodrome et la girafe du Jardin des Plantes se mettaient en grève.

CHONCHON.

Est-il possible !

FLAGEOLET.

C'est une démangeaison à l'ordre du jour !

ATHÉNAÏS.

Et ça n'amuse pas tout le monde, allez!

BEAUFUMÉ.

Laissez donc, c'est très-gai ! Par les kilos de chaleur qui nous pleuvent, le rire délasse, et Paris, mes amis, ne doit-il pas rire toujours?

FLAGEOLET.

Le fait est qu'il en rit tout le premier.

BEAUFUMÉ.

Il y a de quoi!

AIR : *Rifolet sans qu'il s'en doute.* (Le Plastron.)

Partout on ne voit que grève,
Et c'est nous qui commençons;
D'abord, les fiacres font grève;
Les teinturiers, les maçons
Sont tous jaloux de nous suivre,
Nous avons cell' des coiffeurs,
Puis cell' des fondeurs en cuivre,
Celle des restaurateurs!
Hier, v'là-t-il pas que j' rêve
Qu'un docteur des plus savants
Venait de se mettre en grève...
Quell' chance pour ses clients!
Ailleurs, c'est une autre grève,
Les portiers, le croira-t-on?
Ces gueux dignes de la Grève,

Nous refusent le cordon !
Dans un café je me lève,
Criant : « Moka bien chauffé ! »
L' garçon s'était mis en grève,
Je m' servis, seul, mon café.
Un nouveau coup d' feu m'achève :
J' comptais sur des petits pois...
Ma cuisinière est en grève,
Et va voir *la Biche au Bois!...*
Tous les tailleurs sont en grève ;
On s'ra forcé, j' vous le dis,
Toujours à caus' de la grève,
De retourner ses habits ! (*Bis.*)

(*On entend jouer de l'accordéon dans la coulisse.*)

FLAGEOLET.

Quelle est cette mélodie ?

BRELU.

Je la reconnais. C'est la lyre du fameux Chiffard qui célèbre son triomphe au concours des cochers. (*Larifla et Popol entrent portant des couronnes.*)

SCÈNE VII

LES MÊMES, CHIFFARD (*Philidor, sous le nom de Chiffard une couronne de roses sur son chapeau, perruque monstre, carrick bleu, bottes à revers, une fleur dans la bouche, un accordéon à la main*).

BEAUFUMÉ.

Qu'il a l'air majestueux ! On dirait un demi-dieu descendu de son piédestal.

BRELU.

C'est un buste couronné de fleurs !

CHIFFARD.

AIR : *Faisons la paix.*

Oui, c'est bien moi ! (*Bis.*)
Je saisis les cœurs au passage,
A mes patrons je fais la loi,
Sur le pavé je fais tapage !
Oui, c'est bien moi (*bis*)
Des cochers de Paris le roi !

(*Il remet ses bouquets et ses couronnes à Athénaïs.*)

ATHÉNAÏS, *à son mari.*

Il est galant comme un prince russe ! Oh ! bien plus galant que mon cousin.

BEAUFUMÉ, *lui cédant son siége.*

Quelle noblesse dans son regard ! Passons-lui le fauteuil d'honneur, celui qui boite un peu. (*Haut.*) Vous êtes le roi du banquet.

CHIFFARD, *à part.*

Je dois être méconnaissable. Il ne me reste plus qu'à me mettre tout à fait dans les bonnes grâces de la mariée !... (*Remarquant les brèches faites au repas.*) Diable ! j'arrive à temps.

BEAUFUMÉ.

Messieurs ! un toast pour saluer l'entrée de notre illustre collègue. (*A part.*) Je compte bien lui coller l'addition sur le dos.

TOUS.

A la santé de Chiffard ! (*Ils trinquent.*)

CHIFFARD, *à part.*

Si je pouvais envoyer promener le mari. Oh ! mais j'y songe, ces deux furies en jupon que j'ai laissées à l'autre bout du jardin... Quelle occasion pour elles de lui reprendre leurs lettres ! (*Il entraîne Beaufumé sur le devant de la scène, et, d'un air mystérieux, lui dit quelques mots à l'oreille.*)

BEAUFUMÉ, *bas.*

Hein!... mes victimes? ..

CHIFFARD.

Oui, deux de vos anciennes! Elles menacent... elles ont vos lettres, songez-y, et si vous tardez d'un instant, elles vous dénoncent à votre femme!... (*A part.*) Il est pris.

BEAUFUMÉ.

Que me dites-vous là, mais j'y cours, j'y vole! Remplacez-moi, n'est-ce pas, remplacez-moi. (*Il sort en courant.*)

CHIFFARD.

Soyez tranquille, je mangerai pour deux. (*A part.*) Je le leur livre pieds et poings liés... et d'un!

ATHÉNAÏS.

Il nous quitte comme un fou.

BRELU.

Il a des ailes aux talons.

CHIFFARD.

Bah! le dessert qui le préoccupe, voilà tout... mais songeons au plus important, et tenez, mes amis, voici justement un pâté qui ne demande qu'à se rendre. (*Il découpe et sert.*) (*Ici Popol paraît dans le fond et fait signe à Chonchon et à Georgette. Les deux femmes quittent leurs places sans bruit et le rejoignent.*)

POPOL, *bas à Chonchon.*

Adorable Chonchon, c'est dit, je vous enlève à votre tyran, et vous offre mon cœur et une matelote à Saint-Cloud.

CHONCHON.

Une matelote à Saint-Cloud!... vous me prenez par mon faible... j'accepte.

POPOL.

Le bon tour que je leur joue là! (*Ils sortent par le fond.*)

ATHÉNAIS.

Il est exquis ce pâté!

BRELU.

Et le vin donc, c'est un velours...

FLAGEOLET.

Du nectar! A ta santé, Georgette!

BRELU, *même jeu.*

A ta santé, ma petite Chonchon! (*Ils vont pour trinquer avec leurs voisines et restent ébahis de leur disparition. Chiffart pendant ce temps, cause vivement avec Athénaïs.*) Tiens! est-ce qu'on m'aurait effarouché ma Chonchon?

FLAGEOLET.

C'est inouï, Georgette était là, il n'y a qu'un instant. Jouerions-nous à cache-cache sans nous en douter? (*Ils sortent, chacun de son côté.*)

SCÈNE VIII

CHIFFART, ATHÉNAÏS, *se levant de table et passant à gauche.*

ATHÉNAÏS.

Finissez, monsieur, un tel langage...

CHIFFART.

Est celui de mon amour; oui, ange de mon cœur, charlotte russe de mon appétit, étoile de mes nuits sans sommeil, je vous idole, je me jette à vos pieds. Pour vous j'avalerais des épées ou la perruque de votre mari; pour vous j'imiterais Blondin, j'enfoncerais Léotard et je dompterais le Rigolo postiche de l'Hippodrome! Dites un mot, et nous fuyons... une chaise de poste nous attend dans la forêt, au bord du lac. Partons dans des contrées inconnues conjuguer le verbe aimer à son indicatif présent. Venez, madame, venez! (*Il se jette à ses pieds.*)

AIR de *la Gardeuse d'ours.*

Parlez! abjurant ce costume,
Sous lequel bat un noble cœur,

Cédant au feu qui me consume,
Je reprends l'état de coiffeur!
Et si votre époux se courrouce...

ATHÉNAÏS.

Eh bien ! monsieur, qu'adviendra-t-il?

CHIFFARD.

Vous étiez brun', je vous fais rousse...
Comment vous reconnaîtrait-il ?

SCÈNE IX

LES MÊMES, BEAUFUMÉ. (*Il a un œil poché et une basque de moins à son habit.*)

BEAUFUMÉ.

Ah ! c'est un guet-apens ! quelle catastrophe, mon Dieu ! quelle catastrophe !... (*Apercevant Philidor.*) Ciel ! un homme aux pieds de ma femme ! (*Athénaïs feint de s'évanouir; Philidor pour sauver sa situation tire en un clin d'œil un peigne de sa poche et se met en devoir de la coiffer.*) Vil séducteur, tu m'en rendras raison. Je cours chercher des armes, des témoins !... (*A sa femme.*) Et vous, madame, le divorce, le divorce, entendez-vous, ce sera votre supplice !

PHILIDOR.

Le supplice d'une femme, ô ciel !

SCÈNE X

LES MÊMES, *moins* BEAUFUMÉ, BRELU, FLAGEOLET, MADAME BRELU, MADAME FLAGEOLET.

MADAME BRELU, *en dehors à son mari.*

Ah ! coquin ! vous faisiez vos farces. (*Bruit de soufflets dans la coulisse.*)

MADAME FLAGEOLET, *même jeu.*

Ah ! monsieur Flageolet, vous vous conduisez de la sorte?

Voilà qui vous apprendra... (*Elles entrent en scène tenant leurs maris par le collet.*)

FLAGEOLET.

Hi! hi! Traiter ainsi un garçon d'honneur!...je suis constellé de bleus, tatoué comme un sauvage.

BRELU.

Il ne nous manquait plus que de rencontrer nos femmes. Je dois ressembler à une écumoire. (*Bruit d'orage.*)

PHILIDOR.

En attendant, je vais me rattraper sur la salade.

MADAME BRELU.

J'en suis! ça me dégourdira.

BRELU.

Je crois pourtant qu'elle s'est assez dégourdie sur mes épaules!

FLAGEOLET.

Eh! bien qu'en dites-vous? Recommençons! (*Ils reprennent leurs places à table.*)

SCÈNE XI

LES MÊMES, BEAUFUMÉ. LARIFLA, *une note à la main.*

LARIFLA, *à Beaufumé.*

Bon! bon! je vous comprends, mais qui payera l'addition?

BEAUFUMÉ.

Décidément, je n'en sortirai pas! Et voilà ce qu'ils appellent les bonheurs d'un homme marié! Ce matin, la noce, ma femme qui me trompe, un coiffeur qui me défigure, un duel, que sais-je enfin? et pour comble d'infortune, la carte à payer!... filons!

LARIFLA.

Halte-là! il faut pourtant que quelqu'un me paye.

BEAUFUMÉ.

Eh bien! voilà votre homme! (*Il désigne Philidor.*)

PHILIDOR, *se levant avec stupéfaction.*

Ciel! une oreille dans la compote... nous sommes empoisonnés!

MADAME BRELU, *même jeu.*

Une crinière dans les asperges!

BRELU.

Enfer et macadam!... une mâchoire dans la salade!

BEAUFUMÉ.

Qu'entends-je? une Saint-Barthélemy de chevaux!

LARIFLA, *à part.*

Ombre de Vatel! donne-moi le coup du lapin!

TOUS.

Mort à l'aubergiste!

LARIFLA, *tombant à leurs pieds.*

Grâce, messeigneurs, grâce!

BEAUFUMÉ.

Du cheval à des cochers de fiacre! horreur! (*Larifla se voile la tête avec son tablier.*)

AIR : *Rien n'est sacré pour un sapeur.*

Quel dénoûment pour une noce!
Quand nous comptions faire un régal!
Cet aubergiste à l'œil féroce.
N'a-t-il pas trouvé plus frugal
De nous fair' manger du cheval!
Quelle horreur! souper d'un cheval!
J'en pressens déjà les ravages!...

(*Montrant Larifla.*)

Comprend-on que cet imposteur
Nous ait pris pour des hippophages?...
Rien n'est sacré pour un traiteur! (*Bis.*)

LARIFLA.

Hélas! c'était un tour de mon ex-chef! une vengeance! Le scélérat ne me pardonnera jamais de lui avoir refusé dans le temps la main de ma nièce, cette chère nièce, qui m'a quitté, il y a trois ans, pour courir les aventures et pour laquelle j'avais fait des économies... ma pauvre Athénaïs!

BEAUFUMÉ.

Athénaïs, ma femme!

ATHÉNAÏS.

Larifla, mon oncle! Enfin, je vous retrouve... (*Elle se jette dans ses bras.*)

BEAUFUMÉ.

Allons! ça me remet au beau fixe, une dot et un oncle! Quelle chance!

PHILIDOR, *à part.*

Son front rayonne, son œil brille, surprenons-le. (*Haut, à Beaufumé.*) Beaufumé, généreux mortel, oubliez qu'un instant j'ai papillonné autour de votre femme, oubliez que je me suis brûlé les ailes à la flamme de votre colère. Rendez-moi votre amitié, votre estime, votre société, et venez demain partager les grandeurs de mon triomphe!

BEAUFUMÉ.

Que voulez-vous dire?

PHILIDOR, *avec feu.*

Je veux dire que demain je me lance, je me transforme, je me révèle aux yeux de tout Paris! Demain je brise à jamais mon rasoir, je foule aux pieds les insignes de ma profession, je dis adieu à mes perruques, à mes toupets, à mes figures de cire, enfin à toutes les illusions de ma jeunesse orageuse, pour entrer...

BEAUFUMÉ, *gaiement.*

A la Chartreuse?

BRELU, *même jeu.*

A la Trappe?

PHILIDOR.

Non, mes amis, non, mais à l'Hippodrome!

TOUS.

A l'Hippodrome!

PHILIDOR.

Oui, c'est là que m'appelle un brillant engagement. Je veux y devenir le roi des Picadors et la coqueluche des écuyères! (*A Beaufumé.*) De ce jour, vous n'êtes plus à mes yeux un automédon vulgaire, un cocher numéroté! (*Déployant une affiche qu'il tire de sa poche.*) Voyez plutôt! *Mille francs à qui enlèvera la cocarde du taureau!* Une occasion superbe de se briser la tête!... J'ai songé à vous!

BEAUFUMÉ.

Merci!

PHILIDOR, *son affiche à la main.*

AIR de *Marianne*.

A l'Hippodrome l'on m'engage,
Loin de moi rasoirs et ciseaux!
Avant dix jours j'y ferai rage...
J'y dois combattre les taureaux!
En picador,
Tout cousu d'or,
Oui, dès demain,
Mon succès est certain!
De ces taureaux,
Qui sont des veaux,
En un clin d'œil je ferai des agneaux!

BEAUFUMÉ.

Ils en seront, ma foi! fort aises,
On les a changés si souvent!
Ces taureaux-là ne sont, vraiment,
Que des vaches landaises!
D'autres vaches landaises!

A votre place, j'aimerais mieux m'engager dans les plongeurs du Déluge, à deux francs la vague!

BRELU, *redescendant la scène.*

Qui parle de déluge? Nous allons en avoir un! (*Larifla s'esquive.*)

BEAUFUMÉ.

Diable! (*La pluie redouble, grand tumulte.*)

FLAGEOLET.

Une averse! On aurait dû la mettre sur la carte du dîner, nous eussions pris nos précautions!

MADAME BRELU.

Voilà nos toilettes en bel état!

ATHÉNAÏS.

Sauvons-nous!

BEAUFUMÉ.

Ah! mon Dieu! quelle situation! Il faut pourtant en sortir!

LARIFLA, *accourant avec ses garçons armés de parapluies.*

Voici les boucliers de l'orage! (*Il leur distribue des parapluies.*)

BEAUFUMÉ.

Une noce en parapluies! Quelle confusion!...

BRELU.

Eh! eh! si nous pincions un quadrille?

FLAGEOLET, *se désespérant.*

Merci! nous voilà bien lotis! pas un fiacre!...

BRELU.

Si j'avais encore mon ex-coucou?

BEAUFUMÉ.

En fourrière, ici, un jour de noce!... (*On entend un bruit de grelots.*)

PHILIDOR, *prêtant l'oreille.*

Chut! j'entends les grelots d'une chaise de poste!

LARIFLA.

Serait-ce un voyageur? (*La pluie cesse, la rampe s'éclaire peu à peu.*)

SCÈNE XII

LES MÊMES, LE PETIT JOURNAL, *couvert d'un carrick en caoutchouc.*

TOUS.

Encore un cocher?

BRELU.

Est-il trempé celui-là!... c'est une soupe!...

BEAUFUMÉ, *d'un ton dédaigneux.*

Quel est ce néophyte? cet apprenti cocher?...

LE PETIT JOURNAL, *se dégageant de son carrick et paraissant en postillon.*

Je vais vous le dire!

TOUS.

Un postillon?

LE PETIT JOURNAL.

Oui, le postillon de l'Actualité, un postillon qui n'a jamais versé (*souriant*) que dans sa caisse!

TOUS.

Le drôle de petit bonhomme! (*On l'entoure.*)

LE PETIT JOURNAL, *son fouet à la main.*

AIR : *Heureux habitants des beaux vallons*, etc. (Kettly.)

—

Cocher sans rival,
Je promène mon équipage,
D'un trot magistral,
De la Bourse au Palais-Royal !
Leste, original,
Je sais glaner sur mon passage
Plus d'un trait banal
Que j'habille dans mon journal!
Car c'est un journal
Qui compose tout mon bagage ,
Mais à ce journal
J'attèle un canard colossal! (1)
Oiseau sans égal,
L'annonce a doré son plumage ;
Son vol triomphal
Va de Paris au Sénégal!...
Trouvez-vous normal
Qu'un noyé se sauve à la nage,
Et qu'au Tattersall
On veuille manger du cheval ?
Qu'un succès bancal,
Grâce aux amis, fasse tapage,
Et qu'à Bougival,
On canote tant bien que mal ?
Moi, dans mon journal,
J'insère tout, le vent, l'orage,
Les modes au bal
Et les lectures au Waux-Hall!...
Pour couplet final,
Je viens vous sauver du naufrage ,
Cocher sans rival,
Moi, je suis *le Petit Journal !*
Cocher sans rival,
Je promène mon équipage,
D'un trot magistral,
De la Bourse au Palais-Royal !
Leste, original,
Je sais glaner sur mon passage
Plus d'un trait banal
Que j'habille dans mon journal!

(1) La voiture-journal paraît dans le fond, attelée d'un canard monstre.

TOUS.

Le Petit Journal !

LE PETIT JOURNAL.

Oui, mes amis, j'étais à vingt pas d'ici à donner mes ordres à mes postillons, ces prospectus humains que je lance dans la circulation parisienne, quand on est venu m'annoncer que vous étiez tous ici, au *Lapin Vengeur*, à fêter la noce de l'un des vôtres. Une noce de cochers en grève ! me suis-je écrié, ça me botte, et, clic ! clac ! me voici !

BEAUFUMÉ.

Vous êtes l'arche après le déluge !

LE PETIT JOURNAL.

Bast ! un fait-Paris de plus pour ma chronique, et des abonnés parmi les cochers ! c'est ça qui me relève !

BEAUFUMÉ.

Et vous augmente, mon petit père ! Il n'y a que nous qui ne soyons pas augmentés !

RONDE FINALE.

AIR : Vaudeville de *Paris à Pékin*.

BEAUFUMÉ.

Je suis cocher, en doublant mon gain,
J'ai su m' faire un' p'tit' rente,
Mais j' viens d' perdre à l'emprunt mexicain...
Il faut que l'on m'augmente !

PHILIDOR.

En ai-j' coiffé de femm's du bel air,
Brune ou blonde, j' m'en vante,
Il faut les teindre en roux, c'est trop cher...
Il faut que l'on m'augmente !

FLAGEOLET.

C'est drôle, hier me disait un époux,
A mine peu vaillante,

Plus j'aim' ma femme, et plus, entre nous,
J' diminue, elle augmente!

LE PETIT JOURNAL.

L'état d' cocher n' va plus qu'à r'culons
Avec ce qu'on invente;
Au lieu d' fiacre, on n' voit plus qu' des ballons!
Il faut qu'on nous augmente !

LARIFLA.

Jadis les chats, civet sans égal,
V'naient renforcer ma vente ;
Maint'nant l' client demand' du cheval,
Il faut que l'on m'augmente!

BRELU.

Au temps jadis, messieurs les portiers
N'avaient qu'une soupente ;
V'là qu'on leur fait des salons, les loyers
Vont bien!... On nous augmente!

BEAUFUMÉ, *au public.*

(*Parlé.*) Messieurs!...

Si vous voulez voir nos couplets meilleurs,
La critique indulgente ,
C'est bien aisé!... De deux cents claqueurs
Il faut qu'on nous augmente!
Messieurs, qu'on nous augmente!

FIN.

Paris. — Typ. Morris et Cᵉ, rue Amelot, 64.

www.ingramcontent.com/pod-product-compliance
Ingram Content Group UK Ltd.
Pitfield, Milton Keynes, MK11 3LW, UK
UKHW022003260726
13994UKWH00004B/1926

9 782329 346663